AF607423

Imagen de la portada: Julio Fer.
http://www.edicionesinvasoras.com
D.L. ZA 187-2023
ISBN: 978-84-18885-39-6

JULIETA VIRTUAL

Julio Fernández Peláez

JULIETA VIRTUAL
(o cómo emular a Heiner con un desatascador)
se presentó por primera vez en
Teatro Ensalle de Vigo en 2013.

Dirección: Julio Fernández
Iluminación: Antón Ferreiro
Videoperformance: Zaida Gómez
Intérpetres: Eva Afonso y Julio Fernández

En 2021, Julieta Virtual fue adaptada y representada
por la compañía Marihana Zárate en Chiapas. México.
Esta obra participó en el Festival de Teatro Independiente
CASONA FEST, 2022.

LUGAR

Suelo de papel de cocina completamente blanco. En algún momento de la escenificación, este suelo se convertirá en dos enormes alas que Julieta batirá en el aire pisando fuerte.

Botellas de cristal con agua tintada colgando del telar o del techo. Julieta beberá, escupirá y se bañará con el contenido de estas botellas. De cada botella sobresaldrá un diente de león.

En algún espacio dentro del lugar, una auténtica impresión de la obra de Shakespeare. Fuera del lugar, una gran "pesa de barco" para prensar los restos de papel y dejar vacío el suelo al final de la pieza.

Luz blanca horizontal.

NOTAS

El dramaturgo, presente en todo momento, leerá en voz alta e invitará a leer al público fragmentos de esta misma pieza, la cual se repartirá de forma obligatoria, y con la entrada, entre los asistentes al evento.

La acción de la intérprete se solapará con proyecciones de audiovisual y otros recursos sonoros:

✓ Documento antropológico de Julieta, habitante del Sistema Ibérico.

✓ Hilos de fuego cosiendo la interfaz.

✓ Mensajes subliminales de corte propagandístico.

✓ Julieta bailando en medio de una concentración *antiInditex*.

✓ Imágenes de espantapájaros última moda.

✓ Sonidos eco-radiofónicos.

✓ Coprolitos de actualidad.

A mitad de obra, se realizará una conexión con la Red para presentar el proyecto viral *Julieta*, capaz de crear mensajes subversivos e indiscriminados en las redes sociales.

Es posible que el dramaturgo pregunte a los asistentes sobre la marca de ropa que llevan puesta.

Como obertura de la pieza se realizará un *falso streaming* en espacio anexo —si esto fuera posible—, que servirá para mostrar momentos cotidianos de una niña de 1 año de edad frente a una pantalla de TV.

JULIETA VIRTUAL

INTROITO

Entra Julieta, caminando a oscuras, lentamente, descalza y procurando no dejar ninguna huella.

Mi cuerpo es el reducto invertebrado de lo que queda de mí.
Atormentada y valiente.
Sin aire que me asfixie y sin muérdago que prenda mis venas.
No tengo peso.
Mi rostro
tan inocuo como la piedad que se oculta tras la ceguera.
No sé cuándo comenzó la mentira de mi muerte.
Soy Julieta.
Fenecida y viviente.
En un mundo de luces
donde nunca los hombres son iguales a la luz de las farolas.
En un mundo de planicies
donde sólo los locos y los mendigos escapan a la incandescencia niveladora
de la lucidez
de los dueños del mundo.
Soy Julieta
incontinente asesina de infamias.
No hay eufemismo para las acciones directas.
Mi veneno es el veneno de las palabras que domina al poeta,
el sonido de las monedas que domina a los poderosos,
la leche de los senos
que subyuga a las madres ansiosas
por traer culebras al mundo.
No podéis tocarme.

No puedo veros,

tampoco puedo saber si me estáis mirando.

Entre vuestros cuerpos y el mío hay una interfaz de plasma linfático.

No podríais palparme aunque traspasarais el cuajo de vuestros ordenadores lactantes.

Soy una ficción resucitada

en vuestro mundo de avatares.

Soy la biografía de una muerta que no se puede borrar,

soy la huella que será imposible borrar,

la pesadumbre y culpa de los horrores veloces,

soy un lápiz

que escribe sin tacha.

Y no podréis aniquilarme

porque pase lo que pase

pariré Julietas

para perdurar para siempre

en el limbo de la existencia inmaterial

de los seres inmortales.

No intentéis redimirme para devolverme a las páginas de un libreto impreso en papel. Pues también el invento de Gutemberg agoniza.

Es inevitable.

Dadme una tableta, un ipad, un ebook, un ifone, un emac, una tablet...

dadme un lápiz de carbón virtual

y me insertaré en las venas de tu sistema

para instalarme maliciosamente.

Julieta soy.

Un virus que se extiende con morbidez planetaria

para atacar las añagazas de los diarios y la telefalacia de los telediarios.

Julieta soy.

Múltiple, versátil, locuaz, propagandística.

Mesiánica voz de la feminidad bruta.

Julieta soy.

Y no me digáis que no tengo derecho a serlo.

¿Es que alguien vengó mi muerte?

Jurasteis que lo haríais.

Aún hay que hacer más. Premiar a unos y castigar a otros.

Esas fueron las últimas palabras de Shakespeare para dar fin a la comedia.

¿Acaso cumplisteis las promesas que el dramaturgo os encomendó?

Y ahora cuatro siglos más tarde,

¿dónde está la justicia?

La ampulosa justicia la jodida justicia la justicia corrompida por los gusanos de los jueces ilustrísimos que ganan en un mes lo que un peón de la construcción en un año y eso que sin ladrillos no hay justicia y eso que sin ladrillos no hay ciudades que den sentido a la justicia y eso que sin ladrillos los jueces vivirían en chozas de barro y tejados de paja como cuando yo era lo que era como en los tiempos de la peste como en los tiempos que reinaba la persecución a las brujas por jugar con muñecos de cera y hacer maleficios y esta era la única justicia.

Y ahora cuatro siglos más tarde,

¿dónde está el amor?

El ampuloso amor el jodido amor el amor corrompido por las lombrices de los amantes amantísimos que se quieren en un mes lo que un desgraciado misógino logra desear en diez años y eso que sin mentiras no hay amor y eso que sin mentiras no hay pueblos que den sentido al amor y eso que sin mentiras los amantes morirían de vergüenza al verse como cuando yo vivía como en tiempos de los matrimonios concertados como en los tiempos que una dote era lo único de valor que una mujer podía tener antes de que sus dientes se cayeran con el primer parto antes de que el brillo de sus labios quedara apagado por el polvo de la tierra que levanta el arado o los muñecos de cera ardieran en la hoguera junto a las niñas de miradas firmes.

Está escrito.

Yo fui víctima de mi propia juventud.

Víctima de la belleza de una adolescente de catorce años.

Víctima de la exaltación del amor en un baile de disfraces.

Víctima de la apetencia de un príncipe idiota.

Víctima de la simpleza generalizada.

Víctima de una repentina y pasajera inflamación eyaculatoria causada por un descontrolado fluir de feromonas.

Víctima del odio entre familias.

Víctima del crimen cometido por mi criminal amante.

Víctima de su destierro y de la insensatez de un fraile proxeneta.
Víctima de la inocencia que justifica la esclavitud con colirios de agua de lluvia.
Víctima de la transparencia que deja pasar los rayos que calcinan corazones.
Víctima de todos y cada uno de los pusilánimes que lamen los culos de los gestores culturales.
Víctima de la ignorancia que bloquea los puños antes de que los puños
clamen al cielo.
Víctima de la magna ignorancia
y de la total incapacidad
para abrir las ventanas
y que entre el aire libre
repleto de mensajes.
Papeles en blanco
finos
delicados
que tanta gente
humillada
estaría dispuesta a llenar con palabras
palabras
para llamar la atención
sólo llamar la atención
de los transeúntes del norte
económico

y fuerte.

Pero no pueden.

Pero no pueden.

El amor es ciego y ama la noche y a su luz misteriosa cumplen su cita los amantes.

Víctima de una cita con lo prohibido.

Víctima de una cita con la verdad.

Hubiera preferido que me enterraran viva a vivir para siempre en las páginas de los libros carcomidos y oxidados por las lecturas tendenciosas de los directores de escena contemporáneos.

Porque mi estatus ni siquiera llegó a ser el de Tisbe que murió al ver a Píramo suicidado porque simplemente no llegó a tiempo a la cita.

Me gustaría que la Historia se olvide,

que se olvide de mí y de Verona,

asediada por los turistas que buscan mi fantasma en los balcones,

para permanecer muerta como Julieta sin historia,

solo Julieta.

Y sin embargo

y a vuestro pesar

sin yo desearlo

he resucitado.

Resucitado para vengarme de Shakespeare y de todos sus incontables seguidores.

Resucitado para burlarme de todas esas películas infames que utilizan mi nombre para hablar de lo ridículo que fue enamorarse.
¿Qué haréis ahora conmigo?
¿Me representaréis blanca pura inocente parva ingenua en un teatro?
¿Me representaréis como siempre me habéis representado?
Os recuerdo que desde que probara el gusto luctuoso del sepulcral silencio
mi inteligencia se ha afinado.
Ya no son tan tonta como la Julieta de Shakesperare.
Ya no son tan ñoña como la Julieta de Shakesperare.
Ya no son tan sosa como la Julieta de Shakesperare.
Ya no son tan insípida como la Julieta de Shakesperare.
Ya no son tan pálida como la Julieta de Shakesperare.
Ya no son tan mona como la Julieta de Shakesperare.
Ya no son tan fácil como la Julieta de Shakesperare.
Ligera
y tenaz
aquí me encuentro
para eliminar los rastros de pureza entre tanto estiércol.
El mundo,
por lo que veo,
ha cambiado.
El mundo por lo que huelo
ha cambiado.

Su olor a residuos monetarios es peor que el olor de los ajusticiados por la Santa Inquisición en las fiestas de los autos de fe.

¿Fue inevitable que la avaricia siguiera ganando terreno entre los mortales?

Mirad esas jóvenes prostitutas de la informática fabricando componentes día y noche para que Appel y empresas como Appel sigan lucrándose a costa de sus miserables vidas.

Hay algo que Shakespeare nunca dijo:

La cantidad de sirvientes esclavizados que Capuletos y Montescos mantenían dominados.

Después de cuatro siglos,

en los huertos de los Capuletos se siguen sacando

valiosos minerales para las grandes empresas de telecomunicaciones.

En los huertos de los Montescos se siguen extrayendo materias primas para llenar los silos de las reservas de los países civilizados.

Ya no hace falta que Capuletos y Montescos sigan enfrentados para conseguir más poder.

No es necesario fingir odios entre multinacionales compinches.

Todo está repartido caprichosamente:

El petróleo los alimentos la basura radioactiva los peces envenenados las armas y los preservativos con sabor a amianto.

Ya no hace falta que los parlamentarios discutan en el parlamento.

¡Que discutan en los mercados de abastos!
Es más efectivo
más elocuente
menos arbitrario.
¡Que discutan abiertamente y en plena calle!
Que discutan todo lo que los gobiernos regalan a la Banca
para que puedan ejercer el control
control
absoluto
indefinidamente
como Dios manda
y con machados.
Que discutan lo que le quitan a las chicas que limpian los retretes de los parlamentos
a cambio de mantener intactos los patrimonios más afortunados.
Que hablen claro de una puta vez de toda la pasta que le dan a las fábricas de automóviles para que no se vayan a tomar por culo y sigan contratando a las chicas que montan las tapicerías interiores hasta que las echen a la puta calle.
Que hablen claro de las ayudas que niegan a las mujeres que denuncian a sus maltratadores y de lo que gana un fiscal que investiga la vida de los asesinos de mujeres.
Que digan qué pasó para que mujeres ilegales a punto de parir fueran atadas en sus asientos de low cost para abandonarlas más tarde al vacío del desierto.

Que digan cómo es que permiten que siga existiendo un trono para un rey,

un trono para una reina

y tantos tronos hereditarios

para extensísimas, guapísimas y jovencísimas

familias

reales,

habiendo tantos millones de parados reales que no saben dónde coño sentarse.

Que digan por qué quieren gobernar tras ganar unas elecciones publicitarias

para todos los públicos

si el objetivo era sólo ganar las elecciones.

Que expliquen con qué papel redactaron esa maravillosa y última reforma laboral para moribundos exprés y que permitirá que el mercado se folle a todas las chicas que ya no trabajan o que trabajan en telecomunicaciones desde países latinoamericanos pobres o que trabajan recolectando fruta en jornales de sol a sol y sin contrato para que las grandes marcas blancas ganen y ganen o que trabajan cambiando sábanas manchadas de semen.

Que razonen por qué le dan cobijo entre los suyos a capuletos gusanos,

montescos armados con contratos municipales,

capuletos de diputaciones provinciales,

montescos adjudicatarios de obra pública

a dedo

al cinco por ciento
que tienen como fin llenar la boca de billetes de los capullos que brotan de las urnas,
montescos ególatras constructores de ciudades de la cultura con aeropuertos para moscas capaces de cagarse en la mierda de las escuelas infantiles,
capuletos capuletos capuletos capuletos capuletos
capuletos violentos
violadores
de ilusiones.
Y que muestren además
las subvenciones a fondo perdido que los fabricantes de energía
tragan y tragan
desde los Fondos
para que nos riamos todos juntos y con energía de cómo el capital se ríe de los gobiernos cuando le sale del nabo,
en especial cuando abrimos la carta
del recibo de la luz
o miramos fijamente al fluorescente del pasillo
en las urgencias para cucarachas
de los hospitales en venta.
Que levanten el hacha quienes manejan
las bombas extractoras de sangre
para llenar los bancos de sangre
de sangre
de sangre.

Que levanten el hacha quienes tiran por la ventana
a familias incluidas en las encuestas del CIS
y que dejaron de pagar
una deuda
obtenida con trampa
desde la sombra
desde la sombra
de los despachos
de los registradores de la propiedad
de certidumbres
de vidas
de nombres
en barrios turistificados,
desde las tripas
de los buitres.
Que hablen claro quienes tienen el privilegio de hablar libremente
sin ser obispos ni reyes ni terratenientes
si es que están aquí
en cuerpo presente.
Y que digan lo que tienen que decir
y se dejen de ser romeos de la política o frailes de los elixires
y dejen de mandar de paso patéticos mensajes presidenciales en Navidad
y cada día
y a todas horas.
Que no son necesarios.

No

no son necesarios

los mensajes

de oficio,

los patéticos

mensajes

los mensajes.

Y que nos muestren la escritura de la realidad si es que son conscientes de dónde la han guardado.

Aquella que dice que ahora sólo hay vasallaje para todo aquel que quiera entrar en la cadena de montaje.

Y que no den más esperanzas cuando no hay esperanza.

Eso,

Eso,

que ya no hay esperanza

en el Viejo Sistema

dentro del Sistema Viejo,

al borde

fuera

con el dinero metido en los huesos

y con el dinero muero.

Pues esperar,

además,

sale demasiado caro

porque el tiempo ya no es oro,

el tiempo se ha esfumado.

Y que digan que no van a hacer nada

y que no hay nada que hacer,
ni contra la crisis del clima
ni contra los genocidios,
porque ellos solo son unos gobernantes que tienen lo que les ha tocado,
estar al frente,
pero no en el frente,
porque ellos lo único que piden
es que no se difunda la noticia del naufragio
para no caer en el pánico.
Señores, quien quiera salir a flote que robe un flotador en el mercado de las oportunidades.
Señores,
no crean que por bajarnos los pantalones
y hacerles un calvo
estamos hablando de programas para limpiarse.
De hecho,
no es necesario que nadie diga
ni escriba nada.
Mejor que todo el mundo
calle
sí,
que callen los presidentes y los banqueros y los empresarios y los ciudadanos y que dejen hablar solo a las humildes mujeres que ayudan a extraer cobalto y demás tierras raras sin ser superdotadas, perdón: de altas capacidades,

para que sean ellas las que den a gritos
las nuevas consignas
de la nueva conciencia.
Porque falta conciencia
y alguien tiene que poner su propia sangre en el tintero para que la conciencia regrese al universo de la palabra.
Porque falta conciencia
en este bazar low cost
también llamado Tierra,
y sobra hipocresía
multicultural
y primermundista.

Ya soy Julieta,
mañana atacaré sin piedad los bancos de semillas transgénicas de la literatura para necios,
los bancos de la verdad de las agencias de noticias,
los silos de materias primas
que dentro de poco serán basura electrónia,
y las reservas de oro federales
o los pozos de petróleo
que conectan con el infierno.
Y daré muerte a los nuevos Capuletos y Montescos que le niegan el pan a los desgraciados africanos para que suba el precio del pan en los mercados.
Capuletos y Montescos la izquierda y derecha del pueblo soberano,

vosotros representáis la aristocracia moderna,
el miedo que dais os hace fuertes,
el miedo que dais y
el horror
que tienen vuestros súbditos a perder el sentido del miedo.
¡Eso es lo que os hace adorables!
¡Eso es lo que nos hace adorables!
Afortunados aristócratas,
las creencias irracionales son nuestras aliadas.
Así gobernamos el mundo,
así creemos gobernar el mundo.
Todo sigue igual,
todo sigue igual.
Los locos y los juglares dando consejos a los estúpidos reyes sordos.
Capuletos y Montescos,
más allá de nuestros jardines
no hay nada que nos inquiete.
Otros matan y mueren por nosotros.
Otros derraman su sudor para que Julieta y Romeo puedan enamorarse.
Otras tejen las ropas de H&M, Nike, Benetton, Lee o Inditex que hacen que tú y yo podamos
enamorarnos
con estilo.
Otras tejen,
tejen,

tejen
los hilos de fuego
por menos de 35 euros al mes
50 horas semanales
35 euros de salario al mes
como mucho
que como mucho
dan para llenar los platos
que sostendrán las futuras manos
que seguirán cosiendo
la tela
de la moda
que viste el futuro del occidente
económico
y fuerte
bajo el influjo de los vapores de los tintes de colores
hasta que la Red se convierta en fábrica hipertextil
para internautas
dóciles.
Para que tú y yo
podamos enamorarnos.
Para que tú y yo
podamos enamorarnos
y siga engordando
la lista Forbes
de los aplicados inversores.

Para que tú y yo podamos enamorarnos
se recomienda que las fábricas contraten
mujeres exóticas capaces de aceptar sin rechistar
lo que les echen,
y en secreto niñas y niños hábiles con los ojos sanos que quieran aprender algo en sus ratos de recreo
en los sótanos
de los edificios en ruinas que sirven de lugar
no lugar
lugar sí
para manufacturar
juguetes
que tú y yo
Romeo
emplearemos el día que por fin nos encontremos
para joder
con libertad adolescente
y nuestros labios puedan quedar por fin sellados por una marca en la etiqueta
de irrefrenable
deseo
de ser
y de sembrar la muerte
a mordiscos
de fiesta
fiera
irracional

descabezada
parricida
cuando las fábricas exploten,
y tengamos niñas a las que comprar
muñecas
y vestiditos
sumisos.

Julieta no puedo dejar de ser.
En la Red me muevo.
Soy voraz avatar mediático,
ataco páginas ministeriales y almacenes de datos oficiales.
Mis acciones son veloces
anónimas
catárticas
eficaces.
Mis acciones son espectáculo
en el corazón
de la podredumbre
corrupta
de las plusvalías
de las instituciones
de la pederastia
normalizada.
Julietas seré.
Miles de julietas

y un solo nombre.
Tantas como usuarios de este software
que a través de la mirada
quedará instalado
en vuestros glóbulos oculares.
Julieta,
programa prohibido,
de descarga libre,
virus que infesta la Red palmo a palmo,
robot mensajero creador de millones de identidades
en Facebook, Instagram y Twitter.
Virus fruto del trabajo
de informáticas liberadas
al servicio del ciberterrorismo.
Julieta ciberterrorista,
si por terrorismo se entiende regresar al abismo de los océanos.
Julieta soy,
Julieta soy
y no me hartaré de parir Julietas
capaces de insertarse en el sistema y destruir con sus enormes alas de papel higiénico
las cadenas que todo lo sostienen.
Lo reconozco, regresé al mundo para levantar el suelo
destruir
atacar
vengarme.

La otra, la Julieta de Verona, nunca imaginó que acabaría despertando para de lo que ahora me vanaglorio.

¡Que me encierren si pueden!

¡Que metan entre rejas los códigos escritos en lenguaje java y desarrollados anónimamente!

Imposible que ella me soñara así,

y sin embargo, con su muerte, me soñó.

Julieta viene a eclipsar con su lumbre a la belleza que mataba de amores a Romeo.

Julieta de Shakesperare.

Muchacha edulcorada,

educada con la complacencia que los padres conceden a sus vírgenes, para que sus cuerpos se gasten por el uso de condes, marqueses y reyes.

Yo no era diferente a otras mujeres. ¿Por qué Romeo tuviste que fijarte en mí?

Caprichoso Romeo, lo mismo te enamorabas como el fuego que te desamorabas como el hielo. ¿Por qué lo hiciste?

Para desafiar al orden establecido de intereses,

para romper la lógica de las órdenes imperiales,

para ganar la batalla a la rancia dictadura de las costumbres,

para conquistar lo imposible y reafirmarte

como casposo rebelde,

Romeo.

Ché Romeo.

Tu ambición y tu orgullo

fueron la causa de tu muerte

y de mi muerte.

Tu suicidio no fue por desamor sino por compasión hacia ti mismo.

Te mataste cuando comprendiste que estabas vencido.

Y ahora Julieta es

la sombra persistente de la historia que ignora los titulares

y que recuerda la patética frustración de un príncipe,

la tenacidad de los hombres por aniquilar a sus mujeres

y aniquilarse a sí mismos.

Romeo conductor de tanques, piloto de cazabombarderos, general de tropas cualificadas y preparadas para el asalto civil, causante de millones de mujeres muertas en Irak, en Afganistán, en Kurdistán, en Chechenia, en Colombia, en Siria, en Gaza, en Méjico, en Libia, en Irán, en Ucrania, en Yemen, en África...

¿Te reconoces?

No,

No te reconoces.

Porque desconoces que Julieta

no murió para permitir a Shakespeare escribir su ridícula autobiografía plagada de plagios.

Desconoces que Julieta

murió para dejarte en evidencia y

reírse a carcajada limpia de Shakespeare,

y acallar así las bocas de los varones

llenas de lombrices de odio

y sepultar en la tierra fresca

las tripas de todos esos magnatarios aprendices de romeos,
santos padres de familia henchidos de orgullo y honor,
campeones de la competencia
y de la brillantez de la excelencia
que fustigan al mundo con sus órdenes matrimoniales
y su precario sentido del amor.
Julieta murió
para que se suiciden los cabrones.
¿Me escuchasteis?
Julieta murió
para que se suiciden los cabrones.
Qué bien se burla del dolor ajeno quien nunca sintió dolores.
Quien bien se burla del dolor del mundo
es que tiene agallas para burlarse.
Y yo me burlo
del dolor del arrepentimiento de las bestias
de las reyertas entre machos
y también del dolor de Santa Teresa de Jesús
que la obligó morir envenenada por el delirio,
y me burlo del dolor de la cruz y de los siglos de dolor a costa de la locura del hijo de un carpintero.
Me burlo de Cristo y de su herencia en veinte siglos
porque morir para que la tortura sea la religión de las modernas civilizaciones
fue una estupidez, Jesusito.
Me burlo de Jehová, Alá, Buda, y todos esos dioses que la gente adora para comprar

el dislate

y poder así

seguir sufriendo.

Pero no me burlo de los opresores ni de los hijos de los opresores, ni de los herederos de los opresores.

Tampoco me burlo de las empresas nacidas en la tecnocracia de los regímenes.

No me burlo, por ejemplo,

de Iberdrola, Fenosa, BBVA, Telefónica, Repsol...

De hecho, soy incapaz de burlarme de los que hicieron fortuna con los favores de Franco y su ilustrísima esposa Carmen Polo.

No me burlo porque burlarme sería no reconocer la inteligencia de las medusas para engañar a los bancos de peces con sus transformaciones fluorescentes.

¡Salud para el poder del dinero!

y flores para quienes supieron encontrar la forma de sacarle tajada

a la desigualdad.

Flores para Prisa, Mediapro, Zeta, Efe, Vocento, Cope...

que tanto hicieron y siguen haciendo para defender la libertad de expresión

sin presiones

políticas

o financieras.

Flores para RTVE que tanto hizo y sigue haciendo para que el Espíritu Santo sea un personaje querido por todos los españoles decentes.

Flores para el Ministerio de Medio Ambiente que tanto hizo y sigue haciendo para que España se llene de pantanos, y bosques de papel autóctono.

Flores para todas leyes del suelo que permitieron y permiten asfaltar y cementar las flores.

Flores para las florecientes ideologías socialistas y comunistas que demostraron y demuestran ser lo que eran antes de la caída del muro de Berlín,

y mucho antes de que caiga el muro de Palestina

y el muro de los saharauis.

Flores para la actual presidenta de España y de Europa...

con el permiso del FMI

el BCE

el club Bilderberg

las mafias empoderadas

y otros delincuentes

mayores.

Flores,

flores para los antiabortistas, flores para la retaguardia de los dinosaurios que inundan de pisadas el barro, flores para el tren de alta velocidad y el transporte privado y no gratuito, flores para los educadores que venden ideología neocón en los púlpitos, flores para Alberto y los futuros albertos, felices ministros de Justicia y Felicidad, flores para la difunta y pública Sanidad, flores para todos esos edificios semiconstruidos que albergarán los cuerpos de los desahuciados, flores para la ley de costas, la ley de extranjería, la ley del más

fuerte, la ley de la oferta y la demanda, flores de antes y de ahora, flores
a la mejor producción
a la mejor escenografía
al mejor actor principal
a la mejor actriz de reparto
al mejor guión
a la mejor dirección
a la mejor adaptación
y a los mejores efectos especiales.
Flores
flores
flores de plástico barato.
Y flores también para las muchachas esclavas de Centroamérica que cultivan flores,
no me cansaré de decirlo,
para que Europa recuerde a sus antepasados memorables.
Y flores, muchas más flores, para esas heroínas de la publicidad
que militan en el Corte Inglés
mostrando la nueva colección primavera
de bragas y sujetadores
para culos y tetas
increíblemente
suaves.
¿Aún no ha quedado claro?
¿Son necesarios más ejemplos?

¿Podríamos citar las palabras de mi propio padre?

Sí, ha llegado el momento de citar sus palabras, de escribirlas en letreros grandes, para que entendamos cómo era mi padre, como eran todos los padres, de dónde vienen los padres, y por qué los padres piensan tal y como piensan:

Y esas madres prematuras se marchitan demasiado pronto.

¿Aún no ha quedado claro?

¿Son necesarios más ejemplos?

¿Es que tengo que contar aquí cómo Agreal arregló la menopausia de las mujeres? Agreal, medicamento mundialmente autorizado como el alcohol de quemar heridas o el tabaco, y con infinitos efectos secundarios pero eficaz para atajar la depresión menopáusica y devolver a la mujer su anímico estado fértil.

¿Podríamos citar las palabras de mi propia madre?

Sí, ha llegado el momento de citar sus palabras, de escribirlas en letreros grandes, para que entendamos cómo era mi madre, como eran todas las madres, de dónde vienen las madres, y por qué las madres piensan tal y como piensan:

Dime Julieta, ¿en qué disposición te sientes para el matrimonio?

Avergonzada, madre, avergonzada de estar tan dispuesta a ser la puta de los milicianos que me esclavizan sin respetar la edad sexual que aún conservo en mi cabeza.

¿Aún no ha quedado claro?

¿Son necesarios más ejemplos?

¿Es que son precisas más preguntas

para esclarecer el sentido de lo que digo
y digo?
¿Es que Romeo se enamoró de mi talento?
No tuvo tiempo ni ganas el muy cerdo
para mirarme a los ojos.
¿Es que Romeo se hubiera fijado en mí de ser tuerta?
¿Es que Romeo se hubiera fijado en mí de ser negra?
¿Es que Romeo se hubiera fijado en mí de ser cómica?
¿Es que Romeo se hubiera fijado en mí de ser ilegal?
¿Es que Romeo se hubiera fijado en mí de no ser niña?
Yo era una pacata Julieta blanca recatada bella inocente
y cortesana Julieta
que dormía en lechos de plumas de ganso
en habitaciones blancas
del estilo Ikea de la época.
Mis labios tienen el pecado que os quitaron, le dije a Romeo tras recibir su beso, muerta de inexperiencia, pobre analfabeta carnal. *¡Mi único amor emanación de mi único odio!,* le dije a Romeo en un ataque de antigua autodestrucción femenina. *Sólo tu nombre es mi enemigo,* le dije a Romeo, por boca de Shakespeare, pues era Shakespeare quien deseaba hablar por mí, para dejar clara mi incapacidad para el auténtico odio, mi insana y mansa debilidad femenina, y su tópica misantropía,
la de Shakespeare.

Poco se puede hacer por restaurar ahora la inocencia,

ahora es tarde,
ni siquiera el fuego podría hacernos olvidar la mentira de un amor a simple vista,
que en tiempos se castigaba con la hoguera,
ahora es tarde,
Poco se puede hacer por recomponer el jardín en el que Romeo y Julieta vivían,
que en tiempos de esclavitud apenas en los castillos existía,
ahora es tarde.
Poco se puede hacer,
salvo reescribir las obras de Shakespeare y añadir en ellas
todas las palabras
que olvidó mencionar.
Salvo tachar la inocente pregunta de Julieta
¿Pero cabe en el mundo tanta maldad?
Y responder en cursiva:
La maldad, Julieta, querida Julieta, es una bola de mierda que cubre el planeta, sólo tu ceguera de niña malcriada te impide verla.
Y añadir entre paréntesis:
Ahora, después de siglos y siglos, la bola de mierda se ha hecho inmensa:
346 millones de niños explotados,
y la cifra sube,
aumenta cada año,
porque cada año se necesitan más niños para arrancar las malas hierbas de los cultivos que más tarde llegarán a

la mesa de Capuletos y Montescos para que sus hijas Julietas y sus hijos Romeos devoren y tengan la cabeza nutrida para estudiar en Universidades de prestigio y puedan seguir haciendo rodar la rueda apisonadora

capaz de aplastar a 346 millones de niños explotados,

y la cifra sube,

aumenta cada año,

porque cada año se necesitan más niños que hagan la guerra en las minas de Capuletos y Montescos para que sus hijas Julietas y sus hijos Romeos devoren y tengan la cabeza lustrada con descargas de más de 10 gigas.

Hay que ser rico para poder amar.

Hay que ser rico para poder mamar.

Los pobres no tienen tiempo.

Y tampoco nadie les concede un préstamo para que puedan ir a la ópera para ver cómo se aman y se matan por amor, ambición y locura los mamones.

Las comedias de Shakespeare son inútiles.

Sólo la lucha en sí misma no es inútil.

Y los silogismos terribles

al ser descifrados

entre tanta desgracia

ajena.

El día que no queden pobres en el mundo, las hijas de los ricos serán vendidas para que sirvan como prostitutas en los galácticos clubs de fútbol.

Los pobres no pueden extinguirse,

su eternidad permite que el dinero no sea una ficción de ceros en la cuenta corriente de los prostíbulos multinacionales,
su existencia justifica el tráfico de divisas
procedentes de la usurpación de la dignidad
al mundo que malvive
en el culo del mundo.
Los pobres existen para que las niñas bonitas no se echen a perder.
Existen
aunque suene tópico decirlo
para que vivan los cómplices
y los mártires
que engordan
la palabra poder.
Cómplices pasivos y violentos mártires que reciben en sus carnes la violencia que se necesita para justificar la violácea y mórbida efusión de los mandatos entre el pueblo
que ya no desea
la indignación
como antes
ni tampoco quiere
acudir a una mani
para perder un ojo
recibir más palos
o ser detenido

y torturado
mientras
Capuletos y Montescos juegan al G-8 o al Monopoly en los reservados del Parlamento Europeo.
Hay que decirlo, hay que decirlo abiertamente y sin ficción teatral,
pese a que suene a panfleto,
pese a que suene estrafalario,
pese a que decirlo sea simplemente utópico.
De nada sirven los conflictos teatrales si no atraviesan la pared del edificio mediático.
De nada sirve ser Julieta si
no queda
traspasado el plasma de los noticieros
y manchada la realidad
de flujo vaginal
vertido por las mujeres asesinadas
por ser mujeres
por ser mujeres,
ni siquiera Julietas enamoradas,
solo mujeres.
Es preciso hablar,
hablar sin parar
y pedir a gritos la parada inmediata de la máquina de los feminicidios
que sigue funcionando alimentada por el silencio de los timoratos votantes, y la policía de los silencios.

Hay que hablar y hablar

manifestarse públicamente,

como hacen las auténticas Julietas de carne y hueso.

Como esa enemiga de los asesinos de niñas, Norma Andrade, que denunció públicamente la muerte de su hija de 17 años, Lilia García. Ella apuntó con el dedo a los narcotraficantes y estos le dispararon dos tiros en la cara, y la matarán, la matarán si no la protegen. Pero no la protegerán y tendrá que exiliarse para esconderse de los machos que la persiguen para clavarle cuchillos en la lengua.

Como tantas otras,

sin nombre conocido,

que escupen a los ojos de los fanáticos gobernantes,

los mismos que siguiendo la voz de los suyos bombardean lo poco de infancia que queda en la tierra prometida.

Ellas gritan sin parar y hasta desmembrarse

palabras sencillas:

Asesinos, violadores, psicópatas, salvajes, homicidas...

Y ellos responden citando a Platón y Aristóteles, que aseguraban que el destino de las mujeres no era otro que tener hijos desde los 20 a los 40 años.

Y a los berridos de las mujeres, ellos se escudan en San Agustín, y en Fray Luis de León, y en el papa emérito Benedicto XVI, y en San Francisco reencar-nado en el papa Francisco, y en el propio Moisés, y en San Pedro que abre y cierra las puertas del cielo de Roma, y en todos los discípulos de la doctrina oficial que siguen opinando que las mujeres deben parir con dolor para pagar el error que cometió Dios al permitir que los humanos pudieran ser engen-drados a su imagen y semejanza.

Y a los lloros de las mujeres, ellos responden que una muerte limpia siempre es mejor que 200 azotes en la espalda y en plena calle, como los que sufrió Cecilia Túpac Amaru, cuando defendió a los indígenas y no delató a los revolucionarios.

Menos mal que todavía quedan mujeres que se niegan a dar a luz futuros soldados israelíes,

menos mal que cada vez hay más niñas que ya no desean primaveras árabes,

menos mal que las princesas modernas trituran las muñe-cas rubias y de ojos azules

en las cloacas de lo cotidiano

con un turmix de segunda mano,

menos mal que la rebeldía y la resistencia son femeninas,

menos mal que la vida de Juana Azurduy

es de lectura obligada en las escuelas

y los andenes,

como la vida de tantas otras Julietas

que no amaron a Romeo,

sino a la Justicia,

aun perdiendo su vida en la lucha por los bien conocidos derechos universales,

aun perdiendo su libertad por robar comida en los supermercados para sus hijos,

aun perdiendo a sus hijos por educarles en la equidad.

Menos mal que nos queda Afganistán
para demostrar que se puede
conquistar
la dignidad
del planeta.
Oh tierna madre mía, no me arrojéis lejos de vos.
Oh tierna tierra mía, no me arrojéis fuera de vos
solo por amaros.
Ese podría ser el canto
de las anónimas mujeres que se tiran por el balcón
de los palacios suburbiales
o se cortan las venas
antes de ser integradas
en la cultura oficial
para que miles de ejecutivos
y altos cargos,
antes presidentes de algo,
no se queden en la calle
y tengan que dormir
a la puerta
de un vergel
fiscal
o debajo del puente
de la realidad
vulgar.

Oh querida Julieta, tu belleza me ha convertido en un ser afeminado, ha enervado en mi pecho el vigoroso valor.

Oh, querida Julieta, sí, es tu valor lo que me ha convertido en un ser humano, porque ha alimentado en mi pecho la sed de clemencia.

¿Son necesarios más ejemplos?

Soy Julieta,

Julieta virtual,

Mi cuerpo es el reducto invertebrado de lo que queda de mí.

Atormentada y valiente.

Sin aire que me asfixie y sin muérdago que prenda mis venas.

No tengo peso.

Mi rostro es tan inocuo como la piedad que se oculta tras la ceguera.

Soy

DISCURSO PARA UN INTERMEDIO

¿Podemos enchufar a Facebook?... Se corta... Por lo que veo, no hay buena conexión. Quizá la Red esté saturada... Ya... Parece que se estabiliza...

Pues bien. Esta es la página de *Julieta Virtual* en Facebook. Mejor dicho, es una de las páginas de este virus en esta Red Social. En concreto, se trata de *Julietavirtual3456*.

Como ella, hay en la actualidad unas diez mil identidades de *Julieta* creadas artificialmente para plagar Facebook y otras redes, como Twitter o Instagram.

Se trata de *julietas* generadas gracias a un programa informático, robots virtuales que día y noche generan de forma automática y descontrolada nuevos perfiles, mensajes y respuestas.

Aquí pueden ver a *Julieta* actuando en el chat. A gran velocidad interacciona con los visitantes y mantiene con ellos una conversación de carácter subversivo, propagandístico, panfletario...

Los internautas preguntan y ella responde con versos de rebeldía e insumisión.

Así son sus mensajes, no sólo en Facebook, también en otras redes sociales: perturbadores, llenos de agitación y de conjuro en contra del poder establecido por sistema. Sí, *Julieta* no es sólo un virus, ante todo es una guía para la insurrección...

Después de algunos años en la Red, resulta curioso que algunos movimientos sociales y nuevos partidos políticos ya nos estén copiando. La técnica es simple y se condensa en una sola palabra: diseminación.

Más y más *julietas* nacen en todas las ciudades. Su programa abierto es transferido y mejorado constantemente. Piratas informáticos de todas partes reproducen los códigos y los lanzan de vuelta a la Red para que finalmente el mensaje pueda propagarse e infestar la Red sin control.

Y he aquí lo último en defensa anticontrol. Como ven, la página está borrosa. Ligeramente borrosa, pero lo suficientemente borrosa como para impedir su lectura desde el exterior de la pantalla. Hay que dejarse contaminar por *Julieta* para ver con claridad el trasfondo de los mensajes. De manera que si no hay contaminación, tampoco hay mensaje.

Por cierto, ¿saben que la borrosidad es la mejor arma en contra de la barbarie? Gaza, por ejemplo, cada vez está más borrosa, y cuando llegue a estar dentro de la espesa niebla del olvido será inalcanzable para los aviones de sus vecinos. Pero la borrosidad no es sólo una técnica para pasar desapercibido, constituye una filosofía existencial que autodefine lo que está fuera del alcance de los ojos que todo lo ven. De esos ojos que, con la complicidad de los dueños de Google, se cuelan en nuestras vidas a no ser que borremos nuestra vida del mundo virtual.

Pero *Julieta* sólo es virtual en superficie.

Su vitalidad en la Red hace que detrás de lo aparente renazca la psicología de lo indómito. Las páginas tipo *julietavirtual* poseen doble fondo, triple incluso. Aquí se puede ver, en el plano más superficial, el universo de la nube conformado por las conversaciones mantenidas por el virus. Pero debajo de esta capa es apreciable el subconsciente virtual...

Ahí, en segundo plano, se puede advertir la figura de *Julieta* lanzando mensajes a la realidad, a la realidad realidad, y también lo real imaginario, fuera de la interfaz, ese mundo alejado de la ficción de los avatares y de las suplantaciones identitarias que infestan lo virtual.

Y aún más, en el fondo, detrás de la representación de esa *Julieta* que lanza sin parar mensajes de sedición, aparece el inconsciente social, el magma de la auténtica rebeldía comunitaria, el océano de la subversión absoluta. Un mar que configura la conciencia colectiva de una sociedad que se transforma a golpe de negación, un mar que ya somos todas.

Esta, como ya les dije, es sólo una de las muchas páginas del virus llamado *Julieta*, un virus preparado para el levantamiento popular al encuentro con la justicia, la asonada festiva en busca de un regreso de los derechos, la insubordinación para con la deuda contraída de espaldas al pueblo, la revolución del intelecto en contra de la barbarie de la fuerza y de las creencias bélicas y fálicas, divinas y carentes de fraternal amor.

PRÓLOGO / EPÍLOGO

No recuerdo su nombre. Estaba allí, a la espera de algún turista a quien explicarle la auténtica historia de los dinosaurios. Nos invitó a entrar en su casa y al momento comprendí que ella era una *Julieta* de verdad, de las que todavía habitan en aldeas perdidas y que resisten con su premeditado olvido al avance del asfalto y de los raíles civilizatorios. No sé qué edad guardaba en su piel. Más de ochenta, seguro. ¿Podemos grabar? Ella sonrió afirmativamente, como si aquello de ser la protagonista de un video fuera algo que le ocurriera todos los días.

Los teatros están llenos de falsos intérpretes que intentan infructuosamente meterse en un papel, y en cambio ella era la única intérprete posible de un personaje labrado en vida. Su historia no era, sin embargo, su historia; sino la reconstruida sobre la ficción de unos seres que de manera misteriosa habían dejado su huella en el barro. La fuerza de su lenguaje era la fuerza de las montañas del paisaje y su naturalidad sobrepasaba la espontánea emoción del instante, pero en sus ojos habitaba un ser doble, ella misma y la otra, la que todavía era y la que afloraba como auténtica después de reconstruir su identidad, mediante una extraña sabiduría para la defensa y la supervivencia al medio.

Alejado de cualquier centro de enseñanza y de salud, aquel lugar plagado de coprolitos me pareció el reducto simbólico de un mundo de tenacidad antropológica, donde las auténticas huellas no eran las de los humanos sino de una especie ya extinguida. Dejar huellas, seguir creciendo a paso de gigante, desarrollarse hasta convertirse en monstruo irreconocible, este parece ser el destino irrefrenable del conocimiento. Mientras que desear el silencio, respetar la oscuridad de la noche o vivir sin dejar huella visible parece reservado sólo para unos pocas personas de este planeta, aquellas que aún prefieren la coherencia a la mentira de un progreso selectivo y deshumanizado.

Ahí está la clave, en la huella. En las mierdas que dejaremos. Nuestra herencia es fructífera en conocimiento pero mortal en la aplicación directa de una parte de ese conocimiento. Bastaría repasar la historia natural del planeta en los últimos cien años para darse cuenta del desastre que se avecina. Y frente a este destino siniestro dominado por la voluntad masculina de sembrar semejanzas, se levanta el espíritu femenino del amor por lo concebido.

Julieta ya no puede amar a Romeo porque no reconoce a Romeo como compañero sino como representante de una ideología dominante fundada sobre el dominio y la dominación.

Por eso, Julieta no ha resucitado para reconstruir una historia de amor, ha resucitado para levantar su identidad femenina en medio de la nada, en medio de la destrucción que Romeo practica con desatino y desprecio.

ACCIÓN EN DIFERIDO

Tejer un vestido de papel para una niña de 1 año de edad (la hija del dramaturgo) con impresiones de fotos tomadas en fábricas textiles.

Probar el vestido en el cuerpo de la niña.

Lavar el vestido.

Llenar botellas de cristal con el agua sucia del lavado.

Colgar las botellas en el espacio de representación.

Añadirles un diente de león.

Emitir esta acción simulando que se trata de una emisión en directo.

REMATE

Julieta abandona el espacio caminando muy lentamente con dos finos papeles como zapatos.

PROCESO DE CREACIÓN DE JULIETA VIRTUAL

Cía AnómicoTeatro

Texto original

Escrita a lo largo de 2012, *Julieta Virtual* nace de una resistencia a seguir contemplando de manera pusilánime cómo se produce el desmoronamiento ético de una sociedad atrapada en el capitalismo más feroz. En él, hay rabia y dolor.

Un poema sin apenas pausas que no esconde su voluntad de persuasión (las palabras devienen en percusión de pensamientos), y donde el lenguaje es una víscera que comienza a latir desde el mismo instante que toma consciencia de sí mismo a través de la escritura.

El texto tiene como motivo la virtual revivencia de la Julieta de Shakespeare. Una deconstrucción del texto isabelino que inevitablemente respira del espíritu libre de *Hamletmachine*, de Heiner Müller, aunque con propósitos bien diferentes. Mientras el Hamlet de Heiner Müller resulta ser un actor que niega la existencia de Hamlet (para acabar autodestruyéndose), esta *Julieta Virtual* reafirma una y otra vez su presencia a través del cuerpo de la actriz, su identidad rearmada y su voluntad de venganza a través de un discurso asentado en la firmeza. De ahí que en un primer momento el subtítulo de la pieza fuera "cómo emular a Heiner con un desatascador".

Enfrentada a la Julieta de Shakespeare (privada de voluntad y dominada por los sentimientos), esta *Julieta Virtual* resucitada se autoafirma en su capacidad para rebelarse violentamente en contra de la realidad impuesta. Escrito en verso libre, el texto se apoya en el ritmo y en la sonoridad para exprimir su propia esencia.

"Mi cuerpo es el reducto invertebrado de lo que queda de mí. / Atormentada y valiente. / Sin aire que me asfixie y sin muérdago que prenda mis venas. / No tengo peso. / Mi rostro / tan inocuo como la piedad que se oculta tras la ceguera. / No sé cuándo comenzó la mentira de mi muerte. / Soy Julieta. / Fenecida y viviente."

Dramaturgia textual

Del papel a la escena, y en una primera instancia, se consideró la posibilidad de que fueran dos actrices las que asumieran el rol de Julieta. El equipo inicial lo formaban Zaida Gómez y Eva Alfonso, además de quien escribe estas líneas, por lo que resultaba tentador el desdoblamiento de Julieta. Sin embargo, al ensayar esta posibilidad apareció de forma lógica un efecto indeseado: la confusión en torno a la identidad. Además, esta opción contradecía la capacidad conativa del monólogo con respecto al público: a fin de cuentas, y en coherencia con la naturaleza abiertamente política del texto, era preciso mantener la emisión directa desde el *yo resucitado* hacia un público presente, destinatario de la corriente de sensaciones que la interpretación del texto pretendía generar.

Es por todo ello que tras una primera fase de pruebas, Zaida Gómez pasó a ocuparse de una vertiente performativa, tomando como material de trabajo su propia vida real (como una Julieta al margen de la escena y realmente viva), mientras que Eva Alfonso decide dedicarse por entero al trabajo de (re)presentación.

A su vez, y también desde los primeros ensayos, surge el dilema de respetar íntegramente el texto o enfocar el problema de la escenificación mediante fragmentos. Dado que el dramaturgo coincidía con el director y que ambos entendían el texto original desde un punto de vista material y oral (como materia para la palabra dicha), no cabía inconveniente en trocear el poema, cambiar el orden de las partes, e incluso transformar todo aquello que fuese necesario. De esta forma, además, se establecía un camino de ida y de vuelta con respecto a la escritura del texto, el cual quedó enriquecido por la experiencia práctica (a cambio, eso sí, de renunciar a su integridad).

Después de varias sesiones de trabajo con el poema original, el equipo comprendió que había zonas más apropiadas que otras para su interpretación, ya fuera porque en ellas subsistía la savia del discurso o porque sus cualidades así lo solicitaban (expresivas, apelativas, sonoras...) Otras partes, en cambio, funcionaban muy bien como texto leído en voz alta: declamado y ritualizado. Y por último, una tercera categoría de fragmentos sugerían la posibilidad de ser sustituidos por imágenes.

Dramaturgia visual

En la búsqueda de un hilo conductor visual, capaz de caminar en paralelo y de forma independiente al texto, se dedicó un tiempo a la filmación de acontecimientos tanto narrativos como abstractos que pudieran estar relacionados directamente con la pieza. Una búsqueda que se solapa en el tiempo con la experimentación con materiales que pudieran conformar la escena física (el espacio para la interpretación), de manera que estos materiales aparecieran a su vez en el entorno audiovisual.

En esta dirección, se indaga sobre las posibilidades de distintos elementos que de forma simbólica pudieran resumir el espíritu de Julieta. Se prueba con sillas de tijera, palos, decenas de zapatos, montañas de lápices... Hasta que aparece el papel: la servilleta de papel, y el papel de cocina. Es el papel lo que buscamos, nos decimos. Ese papel blanco que se rompe tan fácilmente y que es soporte de vacío (de negación de escritura). Un papel que resume la blancura inocente de la Julieta de Shakespeare, y también la inocencia salvaje de quienes aún tienen todo por decir (y por escribir), pero que continuamente es rasgado para arder luego a gran velocidad.

Un suelo de papel desde el comienzo. Ese era el objetivo, aunque desconocíamos entonces qué pasaría con este suelo y cómo influiría este acontecimiento en el trabajo de interpretación. Por suerte, las consecuencias de esta apuesta no tardarían en llegar. En especial la relación del papel con el cuerpo de la actriz, con su boca, su pelo, su piel, sus manos, y sobre todo sus pies. Al cabo de varios ensayos nos dimos cuenta de que sería la forma de caminar sobre el papel lo que determinaría una importante clave estética de la pieza: desde una extrema lentitud a una máxima convulsión. Para ello, la actriz aprende a caminar en silencio y sin apenas dejar huella sobre un mundo absolutamente frágil, al tiempo que aprende a bailar violentamente sobre él.

He aquí, entonces, los primeros bocetos que inauguran la poética visual de la pieza: una muchacha caminando muy despacio y casi a oscuras con el único objetivo de andar (caminar sintiendo los pies sobre el papel). Una muchacha bailando con una coleta de papel en mitad de una calle que a su vez ha sido ocupada por un grupo de personas que denuncian la explotación textil en las fábricas de Inditex.

Los conceptos y las ideas escénicas comienzan a cuadrar. Se impone la necesidad de preconfigurar una intención rítmica en la que el contraste pueda jugar un papel principal. Y es entonces cuando aparece lo subliminal: imágenes de menos de un segundo que velozmente llegan al subconsciente del espectador. Y frente a ellas, la ausencia de imagen, el vacío, el corte, la oscuridad en mitad de la acción, o incluso la imagen detenida (los hilos de fuego que aparecen como fotogramas aislados y en cadena).

Lo subliminal aparece asociado a su capacidad para dejar huella en el subconsciente mediante un mensaje que se cuela sin pasar por los filtros que los juicios de valor imponen en el pensamiento. Mensajes elegidos cuidadosamente para operar como contrainformación oficial de la publicidad que acostumbramos a ver, y que aparecen en la estructura formal de la pieza escénica de forma repetida aunque inesperada. Pero no solo las imágenes videográficas se encuentran contaminadas por lo subliminal; también en el trabajo corporal de la actriz hay momentos detención, miradas fugaces... Incluso ella misma al recibir un flash intenso de luz blanca en medio de un oscuro.

En cuanto al vacío, necesario por otra parte para que tenga fuerza todos aquello que sobresale en él, constituye una variable de premeditada dilación, que se muestra en la obstinación de la actriz por no hacer nada de utilidad en algunos momentos de la obra (rasgar papeles sin más), a través de cortes e interrupciones en la emisión videográfica, o incluso mediante la persistente presencia del negro (lugar sin dimensiones espaciales pero sí temporales).

Dramaturgia corporal

Al tiempo que tienen lugar importantes hallazgos para el desarrollo visual, comienza el trabajo sobre el texto, partiendo para ello y en primera instancia del cuerpo, convirtiendo la emisión de las palabras en un problema físico más que mental.

La interpretación de Eva Alfonso arranca desde la intención corporal en relación al público, para llegar más tarde (si fuera necesario) a una intención de carácter intelectual. Es decir, se inicia en lo básico: la acción física (aquella que es capaz de materializar el lenguaje) y el propio comportamiento de la actriz con respecto al público.

Así, la dramaturgia textual queda a expensas de una dramaturgia corporal que la antecede y la preconfigura. Variables de calidad, temperaturas, volumen o velocidad en la emisión del texto surgen de un trabajo de concentración y dominio corporal, de tal modo que la palabra pueda ser dicha como si se tratara de un efluvio perlocutivo que alcanza a quien la escucha, y que es emitida desde diferentes posicionamientos corporales y de movimiento (la palabra es escupida, la palabra es lanzada, la palabra es vertida, la palabra es golpeada, la palabra es posada en el oído de los espectadores, etc.). Lo cual implica que desde el comienzo los ensayos se preparen con la idea de un público asistente de naturaleza ineludible, aún cuando este sea sólo imaginado.

A su vez, el comportamiento del cuerpo que asume su carnalidad como auténtico atributo para el pensamiento (para pensar con los órganos) adquiere dimensión política en cuanto que desobedece a la ficción. La autoafirmación de su presencia real y no figurada es lo que define su lenguaje consciente. No hay un doble, ni un personaje con el cual identificarse, tan solo el cuerpo de una actriz asumiendo para sí el texto de Julieta. Una asunción de lo ajeno que solo es posible mediante la experiencia. En cada ensayo, Eva Alfonso experimenta con el texto hasta que este acaba por formar parte de ella como persona. Para esto es importante que pueda apropiarse de las ideas de la Julieta del poema, y también poder sobrepasar cualquier prejuicio de valor que reprima la interpretación. Llegar a lo irreverente, a lo salvaje, o al tierno darse la mano con un desconocido, significa situarse en un plano no cotidiano pero en absoluto alejado de nosotros mismos. No diríamos lo que decimos en un bar, en casa o en una reunión de amigos; pero lo decimos en el teatro porque allí se dan las circunstancias apropiadas para ello y sabemos que seremos escuchados, sin dejar de ser por ello un lugar de lo real y no para la ficción.

Pero el cuerpo también habla por sí mismo sin necesidad de estar acompañado de mensaje oral. La actriz baila hasta la extenuación en escena, al igual que su doble especular en la pantalla. Se trata de una partitura de movimientos que tiene por eje los hombros y el cuello, y que da lugar a un continuo golpear del papel blanco (sujeto a la cabeza) contra el suelo. Como metáfora visual, esta coreografía no necesita de más explicación que su exposición escénica.

Metáfora, o poema visual, también resulta ser la composición de Eva transformándose en un enorme pájaro con alas de papel mientras taconea con fuerza sobre el suelo del escenario. Aquí lo que ocurre es una transformación del suelo (espacio horizontal) en alas (espacio vertical). La realidad es susceptible de transformación, incluso la más frágil.

Sobre esta imagen, producto de un trabajo corporal dentro de un imaginario completamente visual, tengo que admitir que no apareció premeditadamente sino por accidente y en la fase final de los ensayos, cerca ya del estreno de la pieza en Teatro Ensalle. Si teníamos claro que se era obligado partir de un suelo tapado por el papel, también teníamos claro que al final el suelo volvería a estar desnudo. Y entre medias estaba el trabajo físico para producir este cambio. De ahí surgió la posibilidad de levantar todo el suelo a un tiempo. Pero el cómo hacerlo y en qué momento no llegó sino después de un intenso trabajo de investigación de la relación cuerpo-movimiento-espacio. En esta fase surge también la imagen de una Julieta arrastrando una pesa de barco (de 50 kilos) que acaba por aplastar (y hacer desaparecer) el papel.

Al final de la pieza, la actriz camina llevándose con los pies finos papeles de pañuelo. Quizá fue esta una de las primeras imágenes surgidas como productos de un sueño y también la más estable en el tiempo. Caminar con delicados papeles en los pies se convirtió en un reto y en emblema de un posicionamiento estético que impregnó de sentido a la pieza en toda la fase de su preparación. No en vano, transitar por el mundo con tenacidad y fortaleza conlleva, pese a parecer una paradoja, aprender a caminar sobre suelas de fino papel.

Narraciones en paralelo

También la casualidad nos llevó a encontrar una Julieta de carne y hueso, una auténtica resistente al medio, alejada de los grandes centros de producción de capitalismo y lo suficientemente anciana como para asombrarnos con su contundencia. Fue en un viaje por la provincia de Soria, en una región montañosa, ancestral y casi deshabitada. En un pequeño pueblo, plagado de coprolitos y huellas de dinosaurios, estaba ella, esperando para hablarnos de dinosaurios y mostrarnos sus pisadas. Decidimos grabar la conversación, y un tiempo más tarde, al revisar la cinta, caímos enseguida en la cuenta de su valor. De lo que aquella mujer hablaba (los dinosaurios) apenas si habían quedado en el planeta rastros, pero en la época en la que vivieron, su hegemónico poder se había expandido con gran voracidad. ¿No es así como se extiende el capitalismo? ¿No se ha convertido este planeta en un mundo horadado por las huellas de la voracidad? ¿Y cuando el capitalismo lo colapse todo, qué seres sobrevivirán?

La narración de "Julieta de Soria" entró a formar parte de la pieza como documento verídico e irrefutable, capaz de atraparnos con su candor. Los ocho minutos de grabación seleccionados para su proyección corresponden a un fragmento vital sin apenas importancia (con toda seguridad) para la vida de su protagonista, pero que al entrar de cabeza en el hecho escénico de *Julieta Virtual* adquieren una relevancia especial, como documento que encierra la llave con la que poder revivir a Julieta con dignidad extrema.

La segunda narración es la que se refiere a la propia *Julieta Virtual* como avatar con existencia independiente en la Red ("Julietavi" en *Facebook*). Desde un principio, uno de los ejes principales de acción fue la espinosa relación entre la realidad y la virtualidad en un mundo absorbido por la interfase. Se pensó en crear un personaje virtual (proyección de la Julieta en escena) con el que fuera posible conectar mediante Internet. Se trataría de un ente con vida propia en la Red capaz de multiplicarse y diseminarse como si de un virus se tratara, con el objetivo de contaminar ideológicamente el paisaje de "nubes" a su alcance. Como apoyo a esta vida artificial, comenzamos a grabar secuencias en entornos naturales en las que una Julieta resucitada (en este caso Zaida Gómez) experimentaba la volatilidad del tiempo (detenido) a través del lanzamiento de tiras de papel previamente rasgado. El personaje de ficción crecía en sus demandas y amenazaba con interaccionar en vivo y en directo con la Julieta en escena.

Sin embargo, y a medida que esta relación se complejizaba comenzamos a comprender que no era tan importante que esta conexión entre virtualidad y realidad se produjera realmente, sino que resultaba más interesante simularla, convertir la conexión en auténtico argumento de la narración. La historia se simplificó de repente, aunque para ello quien escribe estas líneas se viera obligado a salir al escenario para contarla. Y lo que en escena cuento, básicamente, es cómo ha sido creado un virus llamado JulietaVi (Vi 1, Vi 2... y así hasta 124.234, y la cifra crece a cada instante...) para difundir sus proclamas y soflamas por toda la Red. El relato, que comienza siendo creíble (para ello se simula una conexión a Red) acaba desvelando ser una farsa (la página está borrosa para evitar el espionaje del CNI, Julieta se mueve en la capa del subconsciente de *Facebook*, la velocidad para comunicarse del virus es de 230 conversaciones por segundo, etc.)

Performances políticas

La conexión en directo sí se produce de manera cierta, aunque con otra intención y con otros agentes. La noche de la presentación de *Julieta Virtual* en Teatro Ensalle, una cámara conecta por streaming con la casa del dramaturgo. Allí están mi hija y mi madre, y junto a ellas Zaida Gómez. La performance que van a llevar a cabo es simple: Probar un vestido de papel a la pequeña Luna, un vestido impreso con las imágenes de trabajadoras textiles en lejanas fábricas, para más tarde lavar ese vestido y recoger la tinta producida por el lavado en botellas de cristal (del mismo tipo que aquellas que, colgadas del techo, entran a formar parte del lugar de (re)presentación).

Esta performance, que abre y cierra la pieza, contiene un elocuente mensaje político de denuncia de la explotación laboral que con auténtica dureza se ceba sobre todo en mujeres y niños. Ahora bien, ¿por qué a través de streaming y sobre todo: por qué tomar como protagonista de la acción a una niña que apenas ha cumplido un año?

Como ya se ha apuntado, la conexión con lo auténtico es a fin de cuentas lo que avala cualquier intento de hacer política, incluso mediante un arte tradicionalmente caracterizado por ficcionar realidades. Le dimos muchas vueltas a este tema: necesitábamos documentos, a ser posible fílmicos, que pudieran relatar la mencionada explotación. Y no servía con extraer de *Youtube* unas cuantas imágenes, era preciso acudir a un centro de producción y explotación para que la acción la llevasen a cabo los propios explotados. Sin embargo, los medios a nuestro alcance no contemplaban esta posibilidad, ni tampoco nuestro comedido atrevimiento. De tal forma que ante la imposibilidad de viajar a la Oriente y furtivamente grabar en el interior de una de esas fábricas siempre a punto de derrumbarse, decidimos asumir el uso de prendas manchadas con trabajo precario, no solo para vestir nuestros cuerpos, también el de nuestros hijos (no explotados laboralmente).

Una vez resuelta conceptualmente la performance surgía otro problema: Dónde y cómo llevarla a cabo. La idea que cobraba más fuerza era la de utilizar un espacio anexo. Un espacio que el público pudiera visitar antes y después de la función para comprobar en directo el trabajo textil en papel, el llenado de botellas, e incluso la utilización irónica de la infancia para fines artísticos. Pero fue precisamente este último aspecto el que nos movió a actuar con precaución: en casa, esta performance no dejaba de ser un juego que duraba apenas unos minutos, algo muy distinto a obligar a una niña a soportar durante más de una hora ese mismo juego en un espacio extraño y expuesto (conscientemente) a las miradas ajenas.

Otra performance de naturaleza bien distinta es la llevada a cabo en escena por el dramaturgo. Por dos veces, y en medio del desarrollo de la pieza, me levanto de mi asiento e invito a los espectadores a leer en voz alta por una determinada página la obra literaria completa que se les entregó junto con la entrada. Los objetivos de esta acción son claros: por una parte, el de admitir la responsabilidad política del texto y por otra hacer al público coresponsable. Al leer a ritmo, declamando y jugando con la velocidad y el énfasis, lo que se produce es algo parecido a un acontecimiento ritual en el que el coro de voces envuelve de "creencia" a sus miembros.

No son estas las únicas ocasiones en las que el dramaturgo interviene performativamente. La propia exposición de la Julieta de *Facebook* puede ser considerada una conferencia-performance, y también la acción de repasar en voz alta una lista de las más importantes marcas textiles internacionales, al tiempo que solicita a los asistentes que levanten la mano cuando reconozcan que llevan puesta alguna de esas marcas.

Y por último, hay que tener en cuenta que otras mini-performances también tienen lugar en medio de la (re)presentación y de la mano de Eva Alfonso. Como la de manipular de distintos modos (soplar, acariciar, guardar...) los dientes de león que son recogidos en el campo para cada función (de cara al invierno, habrá que guardarlos o cultivarlos).

Espacio de intervención

Escapando del concepto de espacio escénico, surge la necesidad de actuar en el espacio al modo de una intervención. Si "espacio escénico" remite a un mundo posible (ficcional), el "espacio de intervención" implica una asunción del lugar de actuación como el único posible (real). En este sentido, la pieza se sitúa más cerca de una intervención poética o plástica que de una obra de teatro. El papel invade eventualmente una zona del suelo del lugar, las botellas de agua tintada buscan su espacio más apropiado (a ser posible colgando), la proyección se fija a una determinada pared, se elige un espacio anexo para el streaming... Es tan importante la co-presencia (de actuantes y público), que alrededor de ella gira la interpretación. Cada lugar de (re)presentación de Julieta es único, no solo porque cada uno de ellos tiene unas especiales condiciones físicas, sino porque en él se produce el acontecimiento irrepetible de *Julieta Virtual* de manera muy diferente a como ocurre en los demás. Y en ello tiene que ver, especialmente, la constante y directa relación de Eva Alfonso con (y entre) el público.

De este modo, el proceso de creación se expande a medida que se descubren nuevos lugares, pues en estos descubrimientos se generan atmósferas de muy variada índole (incluso en la interpretación de Eva influye el visible estado anímico de los espectadores, cuyas expresiones pueden ser observadas de cerca por la actriz en diferentes momentos). La situación, de este modo, pasa a ser la situación generada tanto por la acción escénica como por el público presente. Aprender a "estar en situación", en nuestro caso, implica aprender a sortear todas las posibilidades que concede el acontecimiento.

Por último, también la filiación sociopolítica del lugar de actuación puede ayudar a la comprensión y disfrute de la pieza. El problema (por decirlo de algún modo) es que el medio natural de (re)presentación de *Julieta Virtual* no es un teatro propiamente dicho (a la vieja usanza), sino más bien cualquier lugar donde el teatro sea posible, pero donde exista una contaminación de actividad social y radical. Este es el caso, en Galicia de "La casa tomada", en Coruña (una pequeña nave que fue almacén de Renfe), "El liceo mutante", en Pontevedra (un centro de actividades culturales en un edificio abandonado), "La casa colorida", en Nigrán (una casa ocupada que ofrece residencia a artistas), o el mismo Teatro Ensalle (regido por un compromiso con el arte comprometido). En algunos de ellos, las condiciones para llevar a cabo el evento son precarias, y en otros (como es el caso de Ensalle) es posible realizar un proyecto de iluminación por atmósferas (como el llevado a cabo por Antón Ferreiro).

En cualquier caso, el objetivo tanto de la iluminación como de la disposición espacial es la de denotar el espacio, incorporando en él todos los elementos que se emplean y evitando en lo posible que aparezcan como ajenos, para reafirmar así el lugar como lugar y no como sustitución de cualquier otro.

Todo ello encaminado a conseguir una coherencia política para un discurso escénico que se reafirma políticamente en su necesidad de existir.

Julio Fernández Peláez

Doctor por la Universidad de Alcalá en Estudios Literarios, Lingüísticos y Teatrales.
Poeta, performer, dramaturgo, escenógrafo, editor, docente e investigador teatral.
En la actualidad dirige la compañía Anómico Teatro con obras propias tales como *Soñar al borde del abismo, Heredarás el cosmos, Nohorizontes, Cartas de amor a los árboles, Anxos abandonados en mosaicos, Mer o lo invisible, Paisajes de extinción, Chuvia, Optimismo Florence, Ensayo sobre la lejanía, Preferiría no hacerlo* o *Julieta Virtual*.
En 2016 funda Ediciones Invasoras.
Ha recibido algunos premios por sus textos teatrales, como el "Teatro Mínimo Rafael Guerrero", "Escoitar Teatro, Fundación SGAE", "Dulce por Amargo", "Cuenca a escena", "Pegada de Teatro Radiofónico", "Teatro x la Justicia" y "El Espectáculo Teatral", además de otros de narrativa, poesía y ensayo.
De su abundante obra publicada, cabe mencionar los últimos títulos: *PYKA*. Erreguеté (2023), *Heredarás el cosmos* (2023), Lastura y Oidá (2023), *Rapsofá,* Invasoras (2022), *Acciones de entusiasmo imposibles y nunca llevadas a cabo,* Arrebato (2022), *Cartas de amor a los árboles,* Revista Primer Acto (2021) y *Anxos abandonados en mosaicos despois do combate,* Figurando Recuerdos (2021).